Bibliografische Information der Deutschen Nationalbibliothek:

Die Deutsche Bibliothek verzeichnet diese Publikation in der Deutschen National-
bibliografie; detaillierte bibliografische Daten sind im Internet über http://dnb.d-
nb.de/ abrufbar.

Impressum:

Copyright © 2019 GRIN Verlag
Druck und Bindung: Books on Demand GmbH, Norderstedt Germany
ISBN: 9783346059581

Lee Kirsten

Encrypting File System (EFS)

Einordnung von EFS in die Kryptographie, Aspekte bezüglich der Nutzung von EFS

GRIN Verlag

Encrypting File System (EFS)

Hausarbeit

im Masterstudiengang
Digitale Forensik

vorgelegt von

Lee Kirsten

Am 29. September 2019
an der Hochschule Albstadt-Sigmaringen

Inhaltsverzeichnis

Abbildungsverzeichnis

1 Einleitung

Die vorliegende Hausarbeit ist ein Thema aus einem ganzen Komplex an Themen, die den Studenten der digitalen Forensik des Jahrgangs 2018 der Hochschule Albstadt-Sigmaringen im Studienmodul M111 zur Auswahl gestellt wurden. Gegenstand dieses Moduls ist die Datenträgerforensik. Diese Hausarbeit beschäftigt sich mit dem Encrypting File System (EFS) des New Technology File System (NTFS) von Microsoft und wird, der Aufgabenstellung entsprechend, den Sachverhalt sowohl theoretisch darstellen als auch praktisch untersuchen.

Kapitel 2 widmet sich aus diesem Grund der theoretischen Annäherung an das Thema. Dabei geht es darum zuerst die grundsätzliche Funktionsweise von EFS zu erschließen. Zum besseren Verständnis wird dabei auf den Ver- und Entschlüsselungsvorgang von Verzeichnissen und Dateien eingegangen.

Kapitel 3 ist dem praktischen Anteil dieser Arbeit gewidmet. In diesem Abschnitt werden konkrete Versuche durchgeführt, um die verschiedenen Anwendungen von EFS zu erproben und anhand eines forensischen Abbildes weiter zu untersuchen.

Kapitel 4 zieht ein kurzes Fazit über die Inhalte der Arbeit und gibt einen Ausblick darüber welche Erkenntnisse gewonnen werden konnten und wie auf diese Arbeit für weitere Analysen aufgebaut werden kann.

2   Theoretischer Teil

Mit Hilfe des Encrypting File System (EFS) ist es einem Nutzer möglich Dateien und Verzeichnisse im Windows Betriebssystem zu ver- oder entschlüsseln. Es steht ausschließlich für das proprietäre Dateisystem NTFS von Microsoft zur Verfügung.

Zunächst ergibt es Sinn eine kurze allgemeine Einführung in den Bereich der Kryptographie vorzunehmen, um EFS korrekt einzuordnen und die Mechanismen hinter EFS zu verstehen.

2.1   Einordnung von EFS in die Kryptographie

Verschlüsselung (engl. Encryption) beschreibt den Vorgang, dass, unter Verwendung eines kryptographischen Algorithmus und eines Schlüssels, Klartext in einen chiffrierten Text umgesetzt wird.

Dabei wird auf Seiten des Krypto-Algorithmus zwischen symmetrischen und asymmetrischen Konzepten unterschieden. Eine symmetrische Umsetzung verwendet dabei den gleichen Schlüssel für Ver- und Entschlüsselung von Informationen. Diese Technik ist schnell, besitzt jedoch Nachteile in Bezug auf die Verteilung der verschlüsselten Information. Bei mehreren Empfängern muss der Schlüssel entweder allen bekannt sein, ohne den Schlüssel zu ändern, oder eine Kopie der Information mit unterschiedlichen individuellen Schlüsseln bearbeitet werden. Im ersten Fall ist es schwierig einen User auszuschließen und im letzteren Fall würde der Speicherbedarf von Daten immens steigen.

Asymmetrische Kryptoverfahren verwenden hingegen verschiedene Schlüssel für Ver- und Entschlüsselung. Dabei ist es in der Regel üblich, dass einer der Schlüssel privat (Entschlüsselungsanteil) und der andere öffentlich (Verschlüsselungsanteil) bekannt ist. Dadurch werden beide Nachteile des symmetrischen Vorgehens ausgemerzt ([1], S.209).

Bei EFS handelt es sich um eine Kombination aus sysmmetrischen und asymmetrischen Kryptierungsverfahren. Beim symmetrischen Anteil kam früher der Algorithmus DESX, seit Windows XP AES, zum Einsatz. Mit AES wird ein zufälliger Schlüssel, der sogenannte File Encryption Key (FEK), für jeden Eintrag in der Master File Table (MFT), und damit für die beinhalteten Daten, erzeugt.

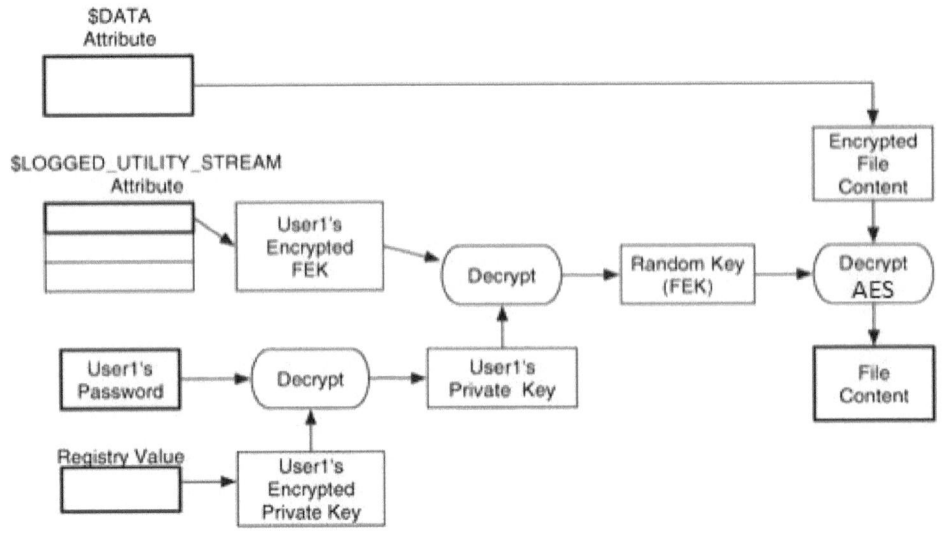

Abbildung 01: Vorgang Verschlüsselung EFS (gemäß [1], S. 210)

Gemäß Abbildung 01 wird der FEK wiederum, je nach Benutzer, ein weiteres Mal mittels RSA-Algorithmus asymmetrisch verschlüsselt und anschließend im sogenannten $LOG-GED_UTILITY_STREAM Attribut abgelegt. In diesem Attribut liegen, neben dem verschlüsselten FEK, auch data decryption fields (DDF) und data recovery fields (DRF) ([1], S. 209).

Im DDF ist die Security ID (SID) eines Users und sein entsprechender, mit seinem öffentlichen Schlüssel, verschlüsselter FEK zu finden. Unterdessen befindet sich im DRF, je nach Wiederherstellungsmethode, der FEK welcher an dieser Stelle mit dem öffentlichen Schlüssel eines autorisierten Benutzers (Administrator) verschlüsselt wurde. Dadurch wird gewährleistet, dass beispielsweise ein Zugriff durch einen Admin mit dem passenden Schlüssel auf die Daten erfolgen kann.

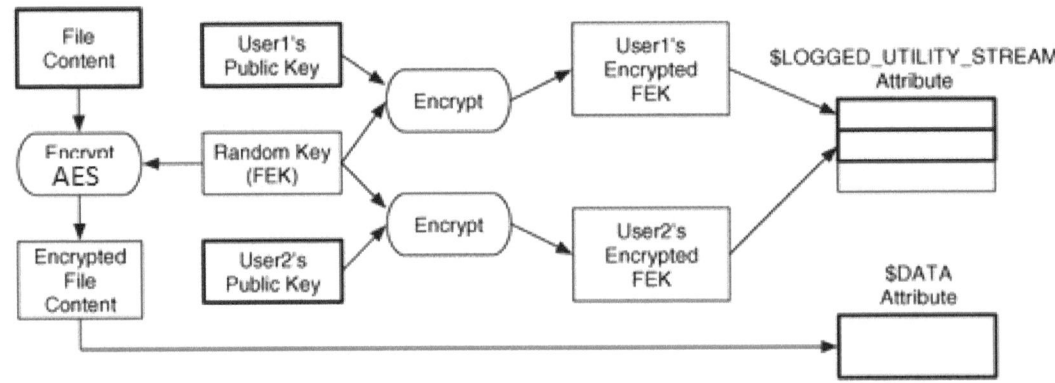

Abbildung 02: Vorgang Entschlüsselung EFS (gemäß [1], S 210)

Für eine Entschlüsselung von Daten wird zunächst das zugehörige DDF des Nutzers identifiziert. Danach wird mit Hilfe des privaten Schlüssels der verschlüsselte FEK entschlüsselt und dieser dann benutzt um schlussendlich die gewünschten Daten zu dekryptieren.

Der private RSA 2048-Bit Schlüssel wird zur Laufzeit erzeugt und wird mit einem SHA1 gehasht [2]. Dieser Hashwert ist auch in der Registry unter dem Registryschlüssel *HKEY_CURRENT_USER\Software\Microsoft\WindowsNT\CurrentVersion\EFS   \CurrentKeys* zu finden.

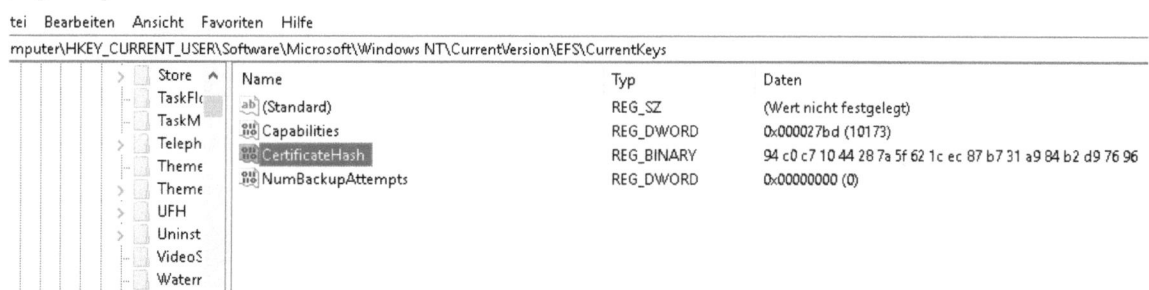

Abbildung 03: Gehashtes Zertifikat in Registry

Da der Hashwert schwach gehasht in der Windows Registry liegt, sind im Ermittlungsfall die Anmeldedaten und die Registry ausreichend, um mit EFS verschlüsselte Daten des entsprechenden Nutzers zu entschlüsseln ([1], S.210).

Gelingt es einem Angreifer oder Ermittler also unter Verwendung von gängigen Tools die Logindaten eines Users zu extrahieren, dann können diese Informationen genutzt werden, um die verschlüsselten Verzeichnisse und Dateien zu entschlüsseln. Einen weiteren Schwachpunkt in EFS sah B. Carrier 2005 in der Tatsache, dass während des Verschlüsselungsvorgangs temporäre Dateien angelegt werden, die die Inhalte der zu verschlüsselnden Dateien in Klartext beinhalten. Nach Abschluss der Verschlüsselung werden diese temporären Dateien gelöscht, jedoch nicht vollständig entfernt. Dadurch entstehen viele Möglichkeiten diese Daten mit den entsprechenden Werkzeugen wiederherzustellen [1].

Voraussetzung dafür ist, dass der Eintrag in der MFT nicht realloziert wurde. Inwiefern diese Aussagen zum Zeitpunkt der vorliegenden Arbeit noch korrekt sind, wird im Weiteren untersucht werden müssen.

2.2   Aspekte bezüglich der Nutzung von EFS

EFS ist eine Verschlüsselung, die auf dem Betriebssystem von Windows für das Dateisystem NTFS verwendet wird. EFS kann dementsprechend beispielsweise nicht für das Dateisystem FAT16/32 eingesetzt werden. Der lesende und schreibende Zugriff auf verschlüsselte Dateien und Ordner ist in der Regel nur durch denjenigen Nutzer möglich, der die Kryptierung vorgenommen hat. Jedoch können weiteren Nutzer zusätzlich Rechte gewährt werden, um einen Zugriff auf die verschlüsselten Daten zu erhalten ([3]).

Bei der ersten Benutzung von EFS wird durch das Betriebssystem ein Zertifikat für den angemeldeten Benutzer angelegt. Dieses Zertifikat, nebst dem erzeugten privaten Schlüssel, stellt alle Bestandteile dar, um die Verschlüsselung vorzunehmen und sollte durch den jeweiligen Nutzer zusätzlich extern gespeichert werden, um notfalls wieder importiert zu werden. Das erzeugte Zertifikat mit dem Schlüssel können unter anderem mit Hilfe der Microsoft Management Console *certmgr.msc* exportiert werden. Ohne die Sicherung ist im Falle eines Systemabsturzes oder einer Neuvergabe eines Passwortes durch den Admin kein Zugriff mehr durch den Nutzer auf die verschlüsselten Daten möglich. Das Vorgehen zur Sicherung wird im praktischen Teil erläutert ([3]).

Zur Wiederherstellung von verschlüsselten Dateien können folglich das gesicherte Zertifikat und der Schlüssel oder ein sogenannter Wiederherstellungsagent benutzt werden. Bei diesem Agenten handelt es sich, wie oben beschrieben, um einen autorisierten Benutzer, der die verschlüsselten Daten wiederherstellen kann. Je nach Betriebssystemversion wird der Wiederherstellungsagent automatisch erstellt oder muss manuell angelegt werden ([4]).

In älteren Dokumentationen wird beschrieben, dass die Portierbarkeit von verschlüsselten Dateien nicht ohne Tücken funktioniert. Es wird unter anderem darüber berichtet, dass Nutzer B, der die verschlüsselte Datei und den zugehörigen Schlüssel von Nutzer A besitzt, die Datei zwar entschlüsseln kann, jedoch anschließend automatisch die Datei mit dem eigenen Schlüssel kryptiert. Das heißt, dass der originäre Nutzer A die Datei mit seinem Schlüssel nicht mehr dekryptieren kann.

Des Weiteren sind Fälle in den Anfängen von EFS dokumentiert, die belegen, dass die Verschlüsselung bei Transport über ein Netzwerk oder bei Ablage auf externen Datenträgern aufgehoben wurde ([4]).

Diese Untersuchungsergebnisse beziehen sich jedoch auf Windows 2000 und Windows XP und bedürfen im praktischen Teil einer erneuten Verifikation anhand eines neueren Betriebssystems.

3   Praktischer Teil

In diesem Abschnitt wurden praktische Versuche mit EFS durchgeführt. Zunächst ist allgemein die Verschlüsselung erprobt und dann an konkreten Beispielen untersucht worden. Im Fokus standen dabei die Funktionsweise und die Sicherheit von EFS.

Des Weiteren sollte laut Aufgabenstellung ein forensisches Abbild der entsprechenden Partition mit unterschiedlichen Tools erforscht werden. Dabei ging es vor allem um die Nachweisbarkeit von verschlüsselten Informationen und deren Auffindbarkeit.

3.1   Umgebung und Werkzeuge

Die Untersuchungen wurden auf einem, bzw. zwei virtuellen Windows 10 Pro 64-Bit Betriebssystemen durchgeführt, da die eigene Windows 10 Home 64-Bit, bzw. Windows 7 Home 64-Bit Version nicht die Möglichkeit bietet EFS zu nutzen.

3.2   Erstellung eines mit EFS verschlüsselten Verzeichnisses

Zunächst ergab es, in Hinblick auf die weiterführende Aufgabenstellung, Sinn eine neue Partition anzulegen. Diese Partition sollte dann für die weiteren Versuche benutzt werden und erleichterte die Erstellung eines Images in den letzteren Untersuchungen. Diese neue Partition ist mit einer Größe von etwa 200 MB angelegt worden, um den Imaging-Prozess aufgrund des geringen Umfangs schneller durchführen zu können. Dies ist für Versuchszwecke völlig ausreichend, um einige Verzeichnisse und Dateien abzuspeichern und zu testen ([5]).

Abbildung 04: Eingerichtete Partition für Versuche mit EFS

Nachdem die zusätzliche Partition erstellt wurde, ist ein Ordner mit der Bezeichnung *verschluesselter_Ordner* angelegt worden. Anschließend erfolgte per Rechtsklick auf den Ordner über *Eigenschaften>Erweitert* und die Option *Inhalt verschlüsseln, um Daten zu schützen* die eigentliche Verschlüsselung.

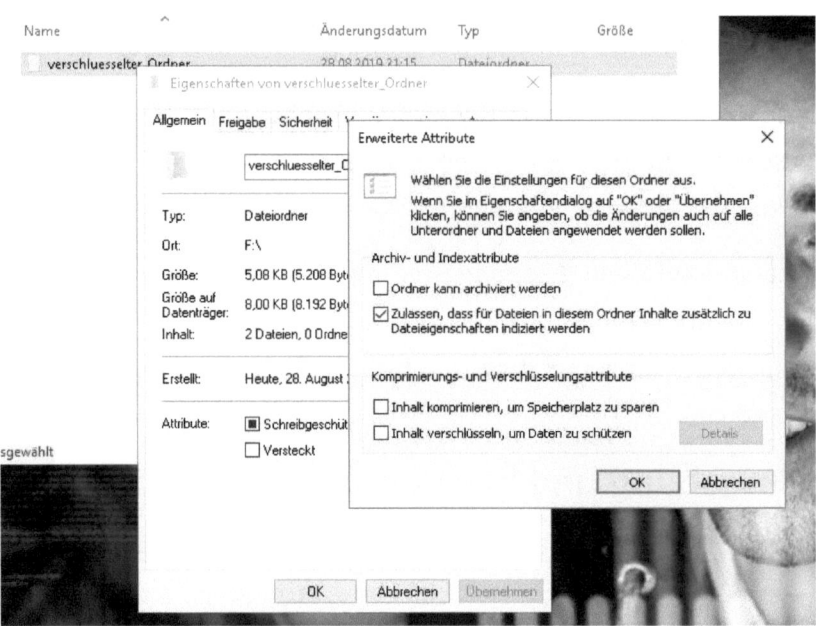

Abbildung 05: Dialog Verschlüsselung über Eigenschaften des Ordners

Am Ende des Verschlüsselungsvorgangs ist optisch erst einmal kein Unterschied zu erkennen; das Verzeichnis sah genauso aus wie zuvor. Jedoch war per Rechtsklick ein Eintrag *Dateibesitz* zu erkennen, der auf eine Schaltfläche *Privat* mit einem geöffneten Schloss verwies. Wird diese angeklickt, dann wird die Verschlüsselung rückgängig gemacht und die Eigenschaften des Ordners sind wieder im Ursprungzustand.

Ist die Verschlüsselung angestoßen, weist eine Meldung des Betriebssystems bereits darauf hin, dass das Zertifikat gesichert werden sollte. Die Sicherung kann dabei auf mehreren Wegen vorgenommen werden.

Gemäß Recherche kann zum einen per Rechtsklick auf den Ordner und den Dialog *Eigenschaften>Erweitert>Details>Schlüssel sichern* der Assistent zum Sichern von Zertifikaten aufgerufen werden. Die Optionen wurden jedoch nicht angezeigt, deshalb konnte auf diesem Weg die Sicherung nicht erfolgen.

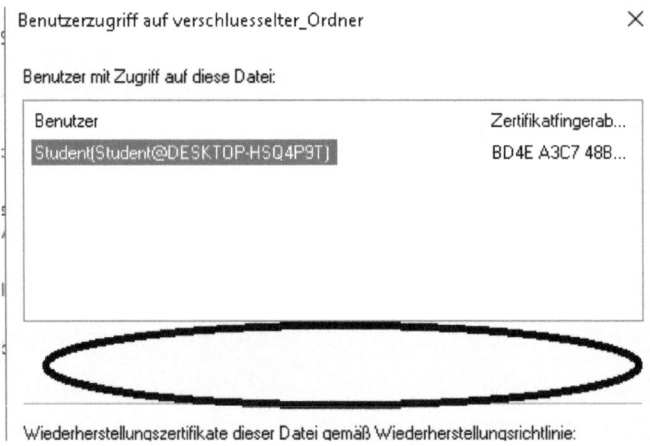

Abbildung 06: Fehlende Option für erste Variante Zertifikatsexport

Die zweite Möglichkeit ist die, in den vorherigen Abschnitten beschriebene, Speicherung des Zertifikates über die Management-Konsole von Windows. Diese wird über die *cmd* mit dem Befehl *mmc* aufgerufen.

Dann muss das Snap-in für Zertifikate über *Datei>Snap-in hinzufügen>Zertifikate* ergänzt werden.

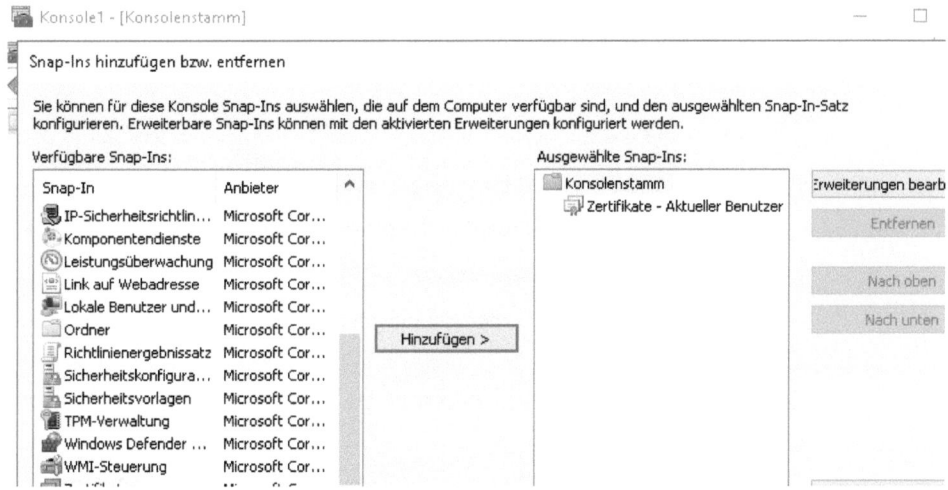

Abbildung 07: Snap-in hinzufügen in Microsoft Management Console (mmc)

In der Strukturauflistung *Zertifikate-Aktueller Benutzer>Eigene Zertifikate>Zertifikate* kann dann schließlich mit Rechtsklick auf das entsprechende Zertifikat und *Alle Aufgaben>Exportieren* die Sicherung von Zertifikat und privatem Schlüssel durchgeführt werden.

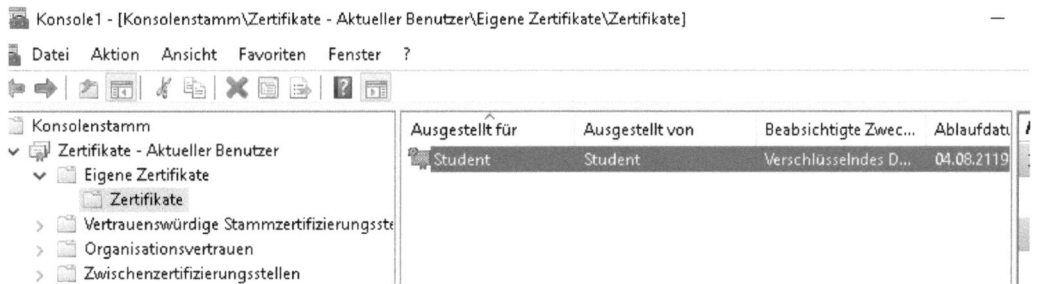

Abbildung 08: Übersicht ausgestellte Zertifikate in mmc

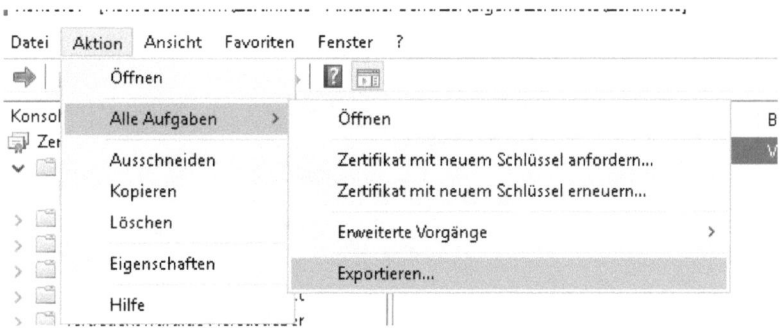

Abbildung 09: Export von markierten Zertifikaten in mmc

Der Dialog mit dem Zertifikats-Assistenten ermöglicht den Export und verlangt, bei entsprechender Auswahl inklusive privatem Schlüssel, die Vergabe eines n-stelligen Passwortes. Anschließend kann der Ort für die Sicherung frei gewählt werden. Nach erfolgreicher Abspeicherung enthielt die erstellte *.pfx*-Datei sowohl den öffentlichen wie auch den privaten Schlüssel.

Privaten Schlüssel exportieren
Sie können den privaten Schlüssel mit dem Zertifikat exportieren.

Private Schlüssel sind kennwortgeschützt. Wenn Sie den privaten Schlüssel mit dem ausgewählten Zertifikat exportieren möchten, müssen Sie auf einer der folgenden Seiten ein Kennwort eingeben.

Möchten Sie mit dem Zertifikat auch den privaten Schlüssel exportieren?

◉ Ja, privaten Schlüssel exportieren

○ Nein, privaten Schlüssel nicht exportieren

Abbildung 10: Auswahl privater Schlüssel im Exportassistent

Format der zu exportierenden Datei
Zertifikate können in verschiedenen Dateiformaten exportiert werden.

Wählen Sie das gewünschte Format:

○ DER-codiert-binär X.509 (.CER)

○ Base-64-codiert X.509 (.CER)

○ Syntaxstandard kryptografischer Meldungen - "PKCS #7"-Zertifikate (.P7B)

☐ Wenn möglich, alle Zertifikate im Zertifizierungspfad einbeziehen

◉ Privater Informationsaustausch - PKCS #12 (.PFX)

☑ Wenn möglich, alle Zertifikate im Zertifizierungspfad einbeziehen

☐ Privaten Schlüssel nach erfolgreichem Export löschen

☐ Alle erweiterten Eigenschaften exportieren

☑ Zertifikatdatenschutz aktivieren

○ Microsoft Serieller Zertifikatspeicher (.SST)

Abbildung 11: Formatauswahl im Exportassistent

☑ Kennwort:

●●●●●●●●●●●●

Kennwort bestätigen:

●●●●●●●●●●●●

Verschlüsselung: TripleDES-SHA1 ∨

TripleDES-SHA1
AES256-SHA256

We

Abbildung 12: Passwortvergabe und Verschlüsselung für exportierte Datei

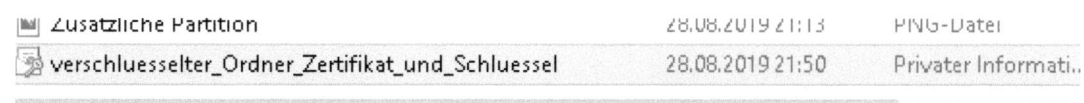

Abbildung 13: Erfolgreich erstellte *.pfx*- Datei

Nach dem Export in eine Datei können das Zertifikat und der Schlüssel nun beliebig bei Bedarf übertragen werden und beispielsweise auf einem USB-Stick gesichert werden.

Die dritte Variante, die ermittelt wurde, ermöglicht eine Sicherung der Schlüssel über die Systemsteuerung. Dabei wird dem Pfad *Systemsteuerung>Benutzerkonten>*Benutzerkonten gefolgt und anschließend die Option *Dateiverschlüsselungszertifikate verwalten* aktiviert.

Abbildung 14: Export von Zertifikaten über die Systemsteuerung

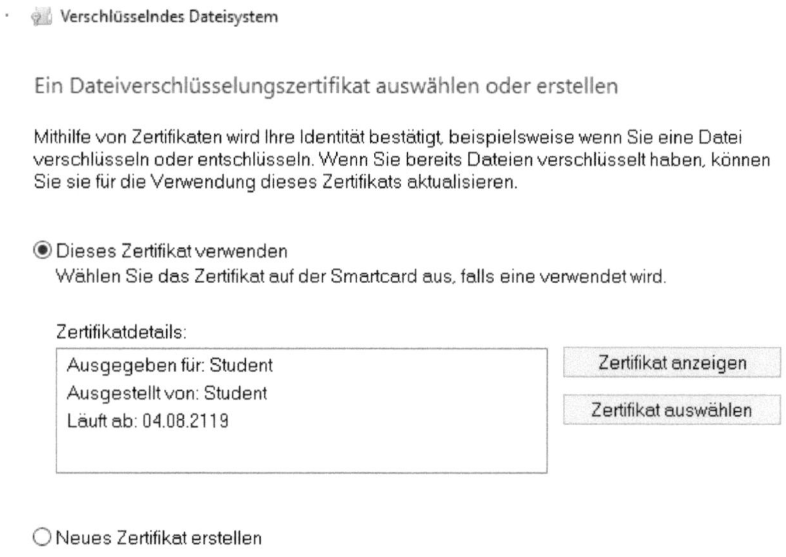

Abbildung 15: Dialog Zertifikatserstellung über Systemsteuerung

Verschlüsselndes Dateisystem

Zertifikat und Schlüssel sichern

Falls Ihr Zertifikat oder Ihre Smartcard abhanden kommt oder beschädigt wird, gehen alle
damit gesicherten Daten verloren. Sichern Sie das Zertifikat und den
Wiederherstellungsschlüssel auf einem Wechseldatenträger, den Sie sicher aufbewahren.

Aktuelles Zertifikat: Ausgestellt für: Student   [Zertifikat anzeigen]

◉ Schlüssel und Zertifikat jetzt sichern

Das Zertifikat und der Schlüssel sollten auf einem Wechselmedium gesichert
werden.

Sicherungsort: [Durchsuchen...]

Kennwort:

Kennwort bestätigen:

○ Später sichern

Abbildung 16: Dialog Zertifikatssicherung über Systemsteuerung

3.3   Dateioperationen in verschlüsselten Verzeichnissen

In diesen Abschnitten soll es darum gehen verschiedene Dateioperationen durchzuführen
und dabei weiterhin die Funktionalität und Sicherheit von EFS zu testen.

3.3.1   Dateien erstellen, bearbeiten und löschen

In dem zuvor erstellten Ordner wurden nun eine unverschlüsselte .*txt*-Datei und eine unverschlüsselte .*png*-Datei abgelegt, bzw. hineinkopiert, um zwei verschiedene Typen von
Dateien berücksichtigen zu können für spätere Tests. Die erstellten Dateien wurden, sobald man sie in den Ordner verschoben hat, verschlüsselt. Dies ist optisch durch ein
Schlosssymbol zu erkennen.

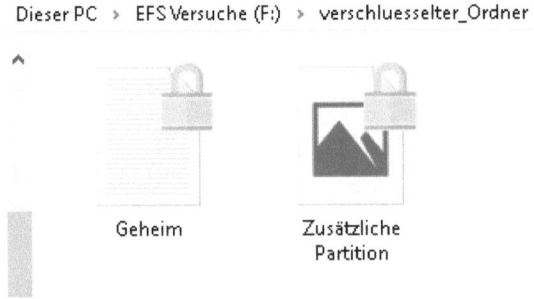

Abbildung 17: Erstellte verschlüsselte Dateien

Wird die Textdatei inhaltlich bearbeitet, so ändert dies nichts an ihrem Verschlüsselungs-
status. Wie gewohnt wird lediglich das letzte Änderungsdatum angepasst und der Zustand
ansonsten beibehalten.

Auch ein Löschen der Datei entschlüsselt diese nicht, wie anhand der dargestellten Eigenschaften auf Abbildung 18 zu erkennen ist.

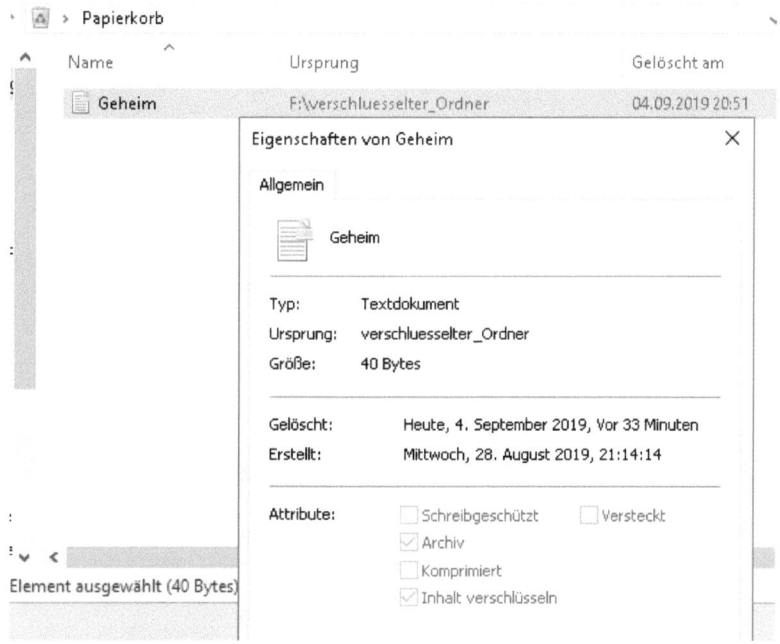

Abbildung 18: Gelöschte verschlüsselte Datei

Die Datei wurde danach wiederhergestellt.

Jedoch ist es möglich EFS für eine einzelne Datei separat aufzulösen, indem die vorher erwähnte Schaltfläche zur Entschlüsselung per *Rechtsklick>Dateibesitz>Privat* betätigt wird. Dadurch verschwindet das Schlosssymbol und unter *Rechtklick>Eigenschaften>Erweitert* ist zu erkennen, dass die Checkbox für die Verschlüsselung nicht mehr aktiviert ist. Soll EFS wieder aktiviert werden, so kann dies einzeln für die Datei, wie zuvor beschrieben, erfolgen oder indem der gesamte Vorgang für den übergeordneten Ordner wiederholt wird. Der letzte Fall ist vor allem vor dem Hintergrund zu betrachten, dass viele Dateien mit einem einzigen Vorgang wieder verschlüsselt werden sollen.

Im Verlauf dieses Testes ist aufgefallen, dass die erste untersuchte und zunächst fehlgeschlagenen Variante für das Oberverzeichnis zur Erstellung von Zertifikaten für einzelne Dateien funktioniert. Die entsprechenden Schaltflächen sind unter *Rechtsklick>Eigenschaften>Erweitert>Details* vorhanden, sollen an dieser Stelle jedoch nur erwähnt werden.

Abbildung 19: Zertifikat für einzelne Datei nach Variante eins

3.3.2 Dateien innerhalb der Partition kopieren

Für diesen Abschnitt wurde für eine bessere Übersicht ein zweiter Ordner auf der gleichen Partition mit der Bezeichnung *unverschluesselter_Ordner* angelegt.

Das Kopieren einer mit EFS präparierten Datei in einen anderen Ordner löste die Verschlüsselung nicht auf, der Status blieb unverändert.

Der umgekehrte Weg, das Kopieren einer ungesicherten Datei in einen gesicherten Ordner, hielt jedoch ein paar interessante Erkenntnisse bereit. Eine neue Textdatei, die zuvor unverschlüsselt ist, wird, sobald man sie in den mit EFS gesicherten Ordner verschoben hat, mit EFS verschlüsselt. Dies gilt aber nur für die Kopie, das Original aus dem Quellverzeichnis bleibt weiterhin ungesichert. Das heißt, dass bei dieser Art von Kopiervorgängen das Original gelöscht werden muss, sonst existiert weiterhin eine frei lesbare Variante der Datei.

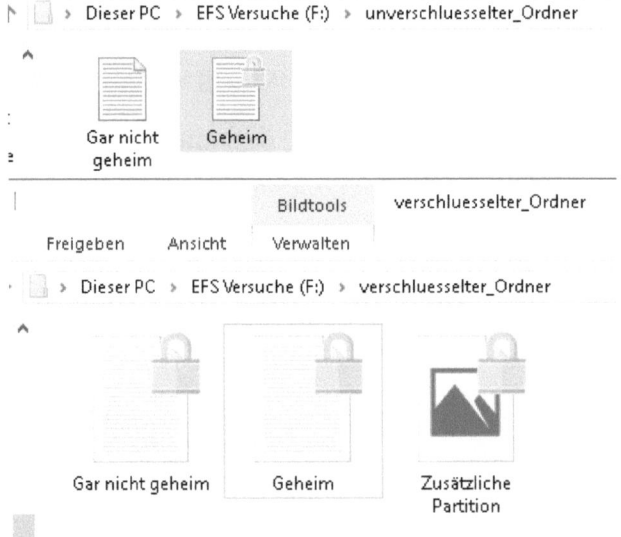

Abbildung 20: Datei 'Gar nicht geheim.txt' unverschlüsselt Originalordner

Die zweite interessante Beobachtung ist, dass es nach wie vor ohne Probleme möglich ist eine verschlüsselte Datei während des Kopiervorgangs durch eine zuvor unverschlüsselte

Datei des gleichen Typs und Namens zu ersetzen. Dabei werden die Inhalte der Datei im Zielordner ersetzt und bis auf den bekannten Dialog zum Ersetzen findet keine weitere Abfrage statt. Dies bedeutet, das EFS zwar verschlüsselt, aber keinen Beitrag zur Unveränderbarkeit von Dateien leistet oder ein Überschreiben verhindert.

Das Ersetzen einer verschlüsselten Datei hat ebenfalls bei der verschlüsselten Datei im unverschlüsselten Ordner funktioniert. Der Inhalt wurde ersetzt und die Datei hat weiterhin das Schlosssymbol aufgewiesen.

3.3.3 Dateien auf einen USB-Stick kopieren

Für diesen Versuch wurde ein USB-Stick mit 8GB auf das Dateisystem NTFS formatiert und in der virtuellen Maschine hinzugefügt, um den Datenträger nutzen zu können. Während der Formatierung wurde die Standardgröße der Zuordnungseinheiten ausgewählt. Diese wurde vom Betriebssystem auf 4096 Bytes festgelegt.

Die Übertragung eines verschlüsselten Ordners auf den USB-Stick funktionierte ohne weitere Probleme. Ebenfalls erfolgreich war das Auflösen und Wiederherstellen der Verschlüsselung eines mit EFS gesicherten Ordners über die Eigenschaften des jeweiligen Objektes. Dazu muss gesagt werden, dass der USB-Stick für diese Operationen an das Windows-Pro System angeschlossen sein muss, auf dem ein User arbeitet, der die nötigen Zertifikate erstellt hat und besitzt. Ansonsten wird der Zugriff verweigert.

Im weiteren Verlauf wurde versucht die einzelnen Dateien für die nachfolgenden Tests hinsichtlich der Netzwerkübertragung vom USB-Stick auf eine Windows 7-Home Version zu ziehen. Dies schlug jedoch fehl, weil die nötigen Berechtigungen fehlten.

Interessanterweise war es jedoch möglich den übergeordneten verschlüsselten Ordner, der die verschlüsselten Dateien enthielt, zu kopieren. Währenddessen wird der Benutzer gefragt, ob er den Ordner aufgrund eines aufgetretenen Problems unverschlüsselt kopieren möchte. Und tatsächlich: Der Kopiervorgang wird gestartet, die Dateien jedoch wiederum aufgrund der fehlenden Berechtigungen nicht übertragen. Der leere Ordner landet jedoch unverschlüsselt im neuen Zielort. Wohlgemerkt, ohne dass irgendwelche Zertifikate importiert wurden, geschweige denn, dass dies überhaupt in der Windows 7-Home Version überhaupt möglich sein sollte.

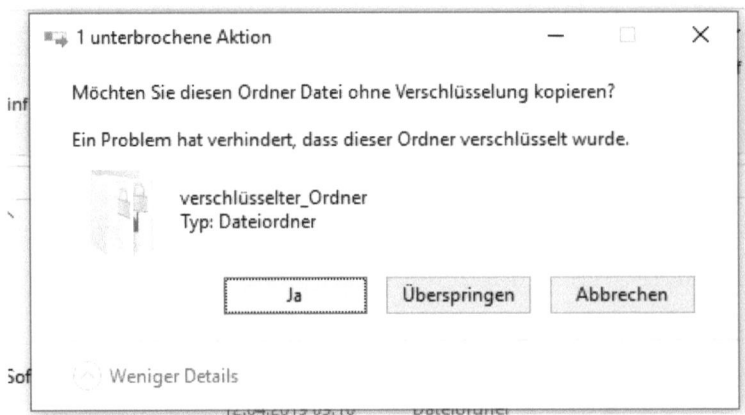

Abbildung 21: Abfrage Übertragung Ordner ohne Verschlüsselung

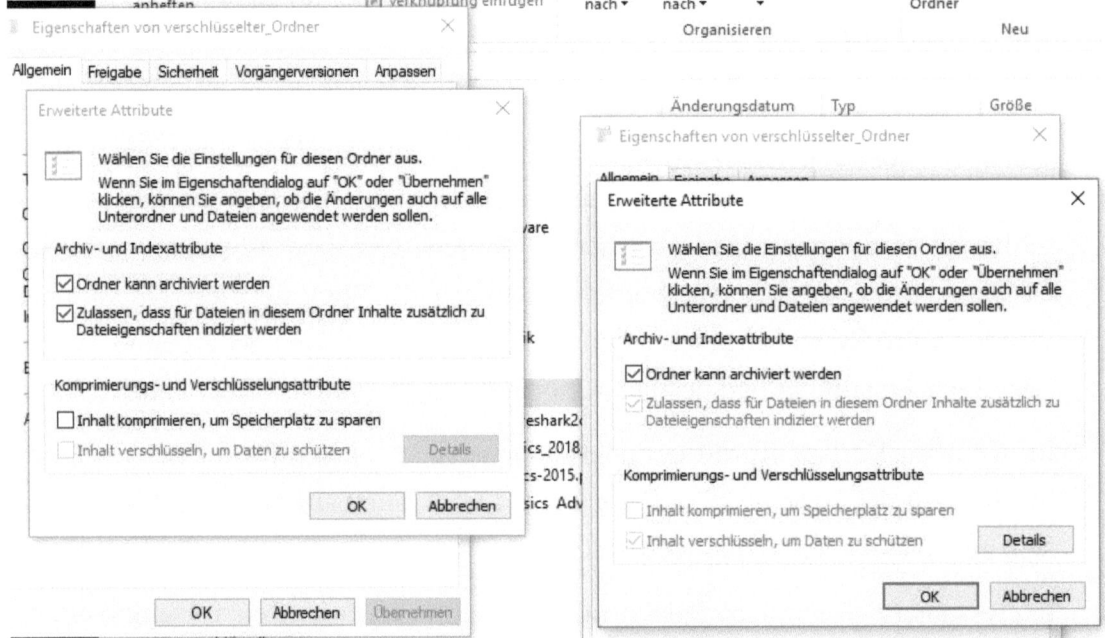

Abbildung 22: Unverschl. Ordner auf Desktop und verschl. auf USB-Stick

Der zusätzliche Test für einen Zertifikatsimport schlug auf der Windows 7-Home Version fehl und brach mit einer Fehlermeldung ab.

3.3.4 Dateien über ein Netzwerk verschicken

Für diesen Untersuchungsabschnitt wurde zunächst eine Konstellation aus Host- und Gastmaschine (Hostmaschine: Windows 10-Home Version, Gastmaschine: Kali Linux) verwendet, in deren Umgebung eine verschlüsselte Text-Datei von der Hostmaschine an einen FTP-Server auf der Gastmaschine verschickt werden sollte. Die Verbindung zum Server wurde über die Konsole der Hostmaschine initiiert und gesteuert. Währenddessen zeichnete Wireshark in der Version 3.0.4 den Verkehr der Übertragung über den Host-Only Adapter von VirtualBox auf.

Der Einfachheit halber fand das Verschicken der Datei während der Untersuchungen über eine unverschlüsselte Verbindung in Richtung FTP-Server statt, da ansonsten auch noch ein Proxy hätte benutzt werden müssen, um die Verbindungsverschlüsselung aufzubrechen. Die verschlüsselte Datei *Geheim.txt* lag dabei auf einem an der Hostmaschine angeschlossenen USB-Stick.

In dieser Netzwerkrealisation ließ sich die Datei jedoch nicht verschicken, gemäß Rückmeldung wurde der Zugriff verweigert. Auf der Gastmaschine wurde eine Datei mit dem gleichen Namen, jedoch ohne Inhalt angelegt. Der aufgezeichnete Verkehr bestätigte, dass tatsächlich kein Versenden der Datei stattfand.

```
ftp> cd Schreibtisch
250 Directory successfully changed.
ftp> send Geheim.txt
200 PORT command successful. Consider using PASV.
150 Ok to send data.
> G:Zugriff verweigert
226 Transfer complete.
ftp>
```

Abbildung 23: Übertragung von USB-Stick per FTP schlägt fehl

Im zweiten Anlauf wurde der Versuchsrechner (Gastmaschine Windows 10-Pro Version) mit der erstellten Versuchspartition aus den vorherigen Tests per LAN-Kabel mit dem Rechner verbunden, auf dem der FTP-Server realisiert wurde.

Im Gegensatz zum ersten Versuch wurde dementsprechend die Datei dieses Mal von einer Windows 10-Pro Version per FTP verschickt. Der Versand der verschlüsselten Datei *Geheim.txt* von der angelegten Partition in Richtung des Servers wurde problemlos durchgeführt.

Jedoch wurde die Datei unverschlüsselt abgelegt und war ohne weitere Maßnahme auf dem FTP-Server menschenlesbar zu öffnen. Zu keinem Zeitpunkt wurde der Nutzer zu irgendeiner Aktion aufgefordert, um die Verschlüsselung aufzuheben. Es ist nicht erkennbar aus welchem Grund die Datei unverschlüsselt übertragen wurde.

```
220 Welcome to blah FTP service.
OPTS UTF8 ON
200 Always in UTF8 mode.
USER lee
331 Please specify the password.
PASS 312100
230 Login successful.
XPWD
257 "/home/lee" is the current directory
CWD Schreibtisch
250 Directory successfully changed.
PORT 192,168,56,111,7,180
200 PORT command successful. Consider using PASV.
STOR Geheim.txt
150 Ok to send data.
226 Transfer complete.
```

Abbildung 24: Verlaufsprotokoll FTP-Kommunikation

```
FTP Data (153 bytes data)
[Setup frame: 69]
[Setup method: PORT]
[Command: STOR Geheim.txt]
Command frame: 71
[Current working directory: /home/lee/Schreibtisch]
✓ Line-based text data (4 lines)
    Hier steht ein geheimer Text. \r\n
    \r\n
    13:45 Dieser Text wurde erstmals ge\344ndert in erstem Ordner\t\r\n
    13:57 Dieser Text wurde nochmal im zweiten Ordner ge\344ndert
```

```
0000  08 00 27 aa 6b 42 08 00  27 a1 f2 67 08 00 45 00   ··'·kB··  '··g··E·
0010  00 c1 1f 0d 40 00 80 06  e8 f0 c0 a8 38 6f c0 a8   ····@···  ····8o··
0020  38 79 07 b4 00 14 26 7b  7e 07 5e a0 a4 fe 50 18   8y····&{  ~·^···P·
0030  01 00 43 52 00 00 48 69  65 72 20 73 74 65 68 74   ··CR··Hi  er steht
0040  20 65 69 6e 20 67 65 68  65 69 6d 65 72 20 54 65    ein geh  eimer Te
0050  78 74 2e 20 0d 0a 0d 0a  31 33 3a 34 35 20 44 69   xt. ····  13:45 Di
0060  65 73 65 72 20 54 65 78  74 20 77 75 72 64 65 20   eser Tex  t wurde
0070  65 72 73 74 6d 61 6c 73  20 67 65 e4 6e 64 65 72   erstmals  ge·nder
0080  74 20 69 6e 20 65 72 73  74 65 6d 20 4f 72 64 6e   t in ers  tem Ordn
0090  65 72 09 0d 0a 31 33 3a  35 37 20 44 69 65 73 65   er···13:  57 Diese
00a0  72 20 54 65 78 74 20 77  75 72 64 65 20 6e 6f 63   r Text w  urde noc
00b0  68 6d 61 6c 20 69 6d 20  7a 77 65 69 74 65 6e 20   hmal im   zweiten
00c0  4f 72 64 6e 65 72 20 67  65 e4 6e 64 65 72 74      Ordner g  e·ndert
```

Abbildung 25: Unverschl. Übertragung EFS-Datei zw. Client und FTP-Server

Die Netzwerkpläne zu beiden Versuchen können dem Anhang entnommen werden.

3.4   Untersuchung eines forensischen Partitionsabbildes

Um die Untersuchungen von Abbildern in Autopsy und X-Ways Forensics vornehmen zu können, wurden zunächst unterschiedliche Images erstellt. Hierfür wurde das Programm FTK-Imager in der Version 3.1.1.8 verwendet.

Es ist allgemein bekannt, dass dieses Werkzeug einen vergleichsweise großen Footprint während der Erstellung hinterlässt, dennoch wurde angesichts der Aufgabenstellung darauf verzichtet ein Write-Blocker zu benutzen. Ziel sollte es sein mit zwei verschiedenen Tools die verschlüsselten Dateien aufzuzeigen und deren Metadaten und Header, wenn vorhanden, zu analysieren.

Aus diesem Grund wurde von der Partition ein logisches Abbild und von dem USB Stick ein physisches Image erstellt. In beiden Fällen wurde der Image Type Raw (dd) ohne gesetzte Fragmentierung benutzt, da dieses Format ohne Probleme auf verschiedenen Plattformen importiert werden kann.

3.4.1 Untersuchung mit Autopsy

Im nächsten Schritt wurden Versuche mit Autopsy in der Version 4.7.0 durchgeführt.

Zunächst wurde ein neuer Fall angelegt und anschließend die Datei des logischen Images der Partition importiert. Während des Importvorgangs besteht die Möglichkeit Module anzupassen, so auch beim Encrpytion Detection Module. Einstellmöglichkeiten bestehen unter anderem bei der Größe der Entropie und der Benutzung eines Vervielfachungs-Faktors bezüglich der Größe der Datei [7]. Letzteres spielt vor allem bei der Auffindung von verschlüsselten Containern eine wichtige Rolle.

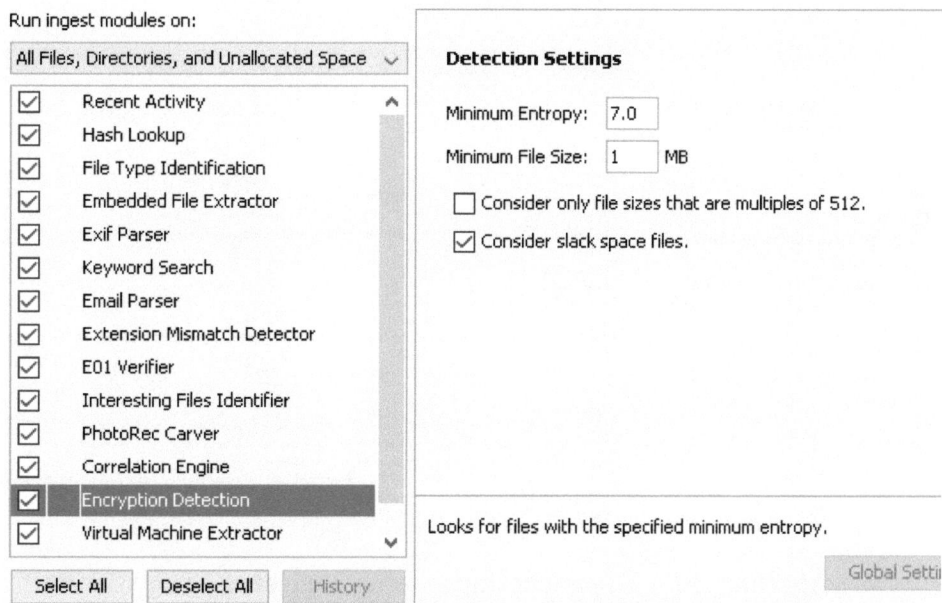

Abbildung 26: Datenquellimport, hier: Encryption Detection Module

Weiterhin kann die minimale Größe der Datei festgelegt werden. An dieser Stelle ist aufgefallen, dass die minimale vorgebbare Größe der verschlüsselten Dateien bei 1MB liegt, die erstellten Text- und Bilddateien aus den vorherigen Versuchen diese Größe aber bei Weitem nicht erreichen. Zunächst wurde die Entscheidung getroffen trotzdem die Untersuchung vorzunehmen und bei ausreichend verbleibender Zeit zu einem späteren Zeitpunkt ein logisches Abbild mit einer größeren verschlüsselten Datei zu generieren.

Abbildung 27 zeigt die Übersicht von Autopsy nach dem abgeschlossenen Import des logischen Images. Die erstellten Ordner, sowohl verschlüsselt als auch unverschlüsselt, sind beide erkennbar. Des Weiteren sind die einzelnen Dateien innerhalb der Verzeichnisse zu sehen.

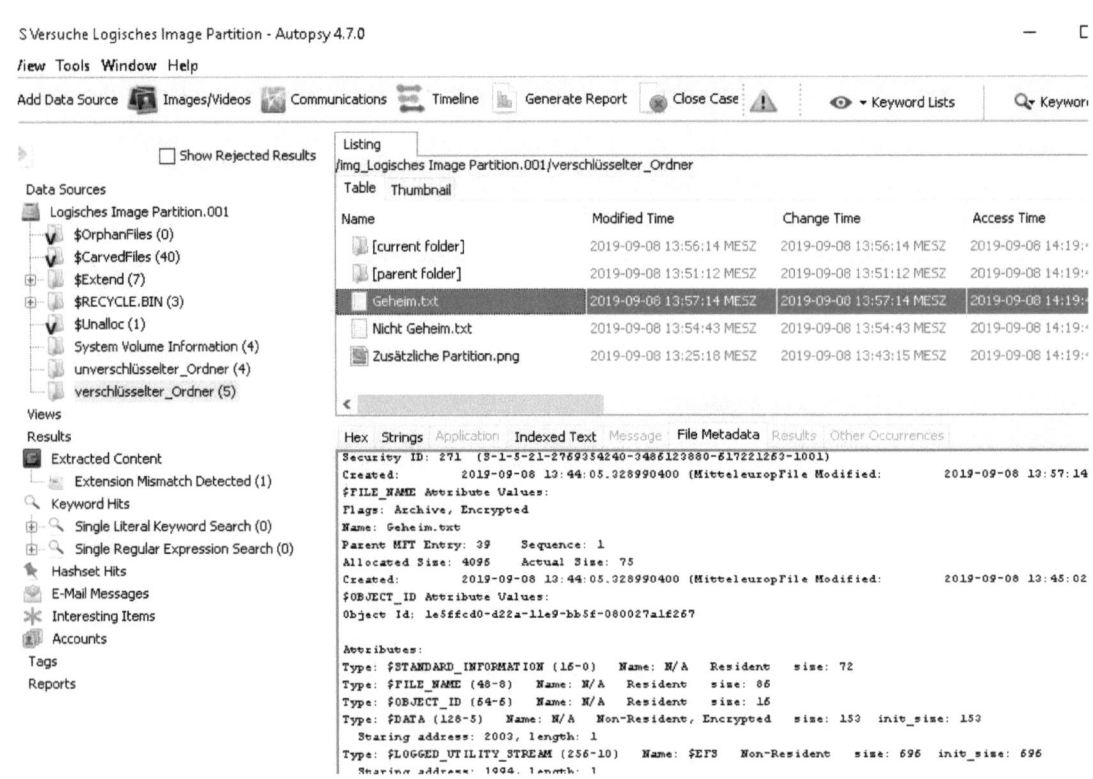

Abbildung 27: Übersicht importiertes logisches Image der Partition

Konkret wurden durch Autopsy unter anderem folgende Informationen unter ‚File Metadata' zur Datei ‚Geheim.txt' ermittelt (Zeitstempel werden nicht dargestellt):

Typ-ID 16 ($STANDARD_ INFORMATION)	Typ-ID 48 ($FILE_ NAME)	Typ-ID 64 ($OBJECT-ID)	Typ-ID 128 ($DATA)	Typ-ID 256 ($LOGGED_ UTILITY_STREAM)
resident	resident	resident	nicht resident	nicht resident
Flags:	Flags:	Größe: 16	Flags:	Flags:
Archiv,	Archiv,		verschlüsselt	verschlüsselt
verschlüsselt	verschlüsselt		Cluster:	Name: $EFS
Größe:72	Name: Geheim.txt		Start Adresse: 2003,	Größe: 1696
	Größe: 86		Länge: 1	Cluster:
				Start Adresse: 1994,
				Länge: 1

Abbildung 28: MFT Eintrag 40 (allocated File), logisches Image Partition

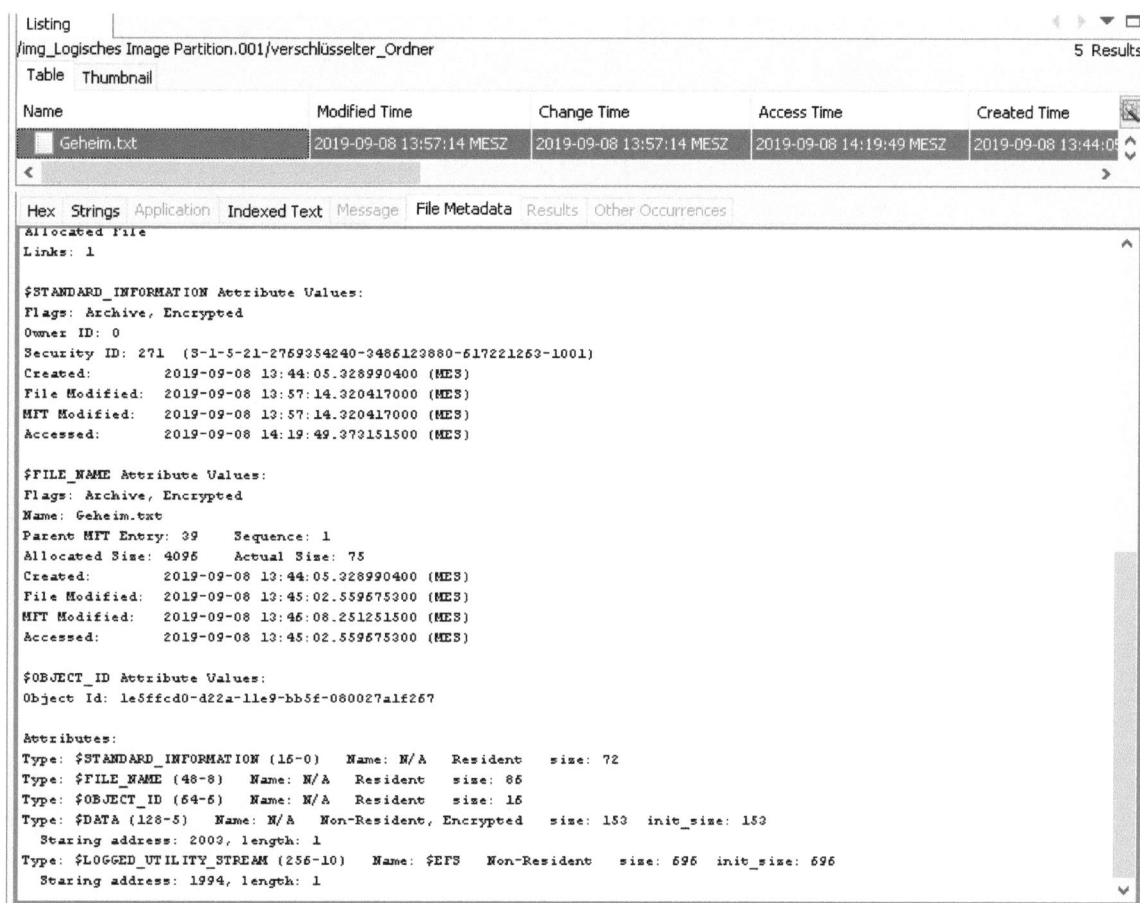

Abbildung 29: File Metadata verschlüsselte Textdatei 'Geheim.txt'

Aus den obenstehenden Daten lässt sich herauslesen, dass die Datei alloziert ist und dass beispielsweise die Inhalte der Attribute $DATA und $LOGGED_UTILITY_STREAM, die als verschlüsselt gekennzeichnet sind, nicht resident sind.

Nicht resident bedeutet, dass die Inhalte der Attribute in Clustern mit den oben angegebenen Daten ausgelagert wurden und nicht in den Attributinhalten des jeweiligen Attributes im MFT Eintrag zu finden sind.

Des Weiteren geht aus dem, durch das Tool ermittelten, Namenswert des Attributes $LOGGED_UTILITY_STREAM, dass bereits in Abschnitt 2.1 Erwähnung findet, hervor, dass der Verschlüsselungstyp korrekterweise als EFS identifiziert wurde.

Im Vergleich zum logischen Image der Partition bot das physikalische Image des USB-Sticks, bis auf eine Ausnahme, keine nennenswerten Unterschiede. Diese Ausnahme stellt jedoch einen interessanten Aspekt dar: Im Bereich der Systeme Volume Information ist Autopsy in der Lage eine gelöschte Datei darzustellen, die *EFS0.LOG* lautet. Auf dem logischen Image der Partition taucht diese Datei nicht auf.

Dabei handelt es sich um eine Datei, deren Attribute vollständig resident sind. Des Weiteren besitzen die Attribute alle das Flag *Hidden*:

Typ-ID 16 ($STANDARD_ INFORMATION) resident Flags: Hidden, Archiv, Größe:72	Typ-ID 48 ($FILE_ NAME) resident Flags: Hidden, Archiv Größe: 82	Typ-ID 128 ($DATA) resident Größe: 512

Abbildung 30: MFT Eintrag 43 (unallocated File), physisches Image USB-Stick

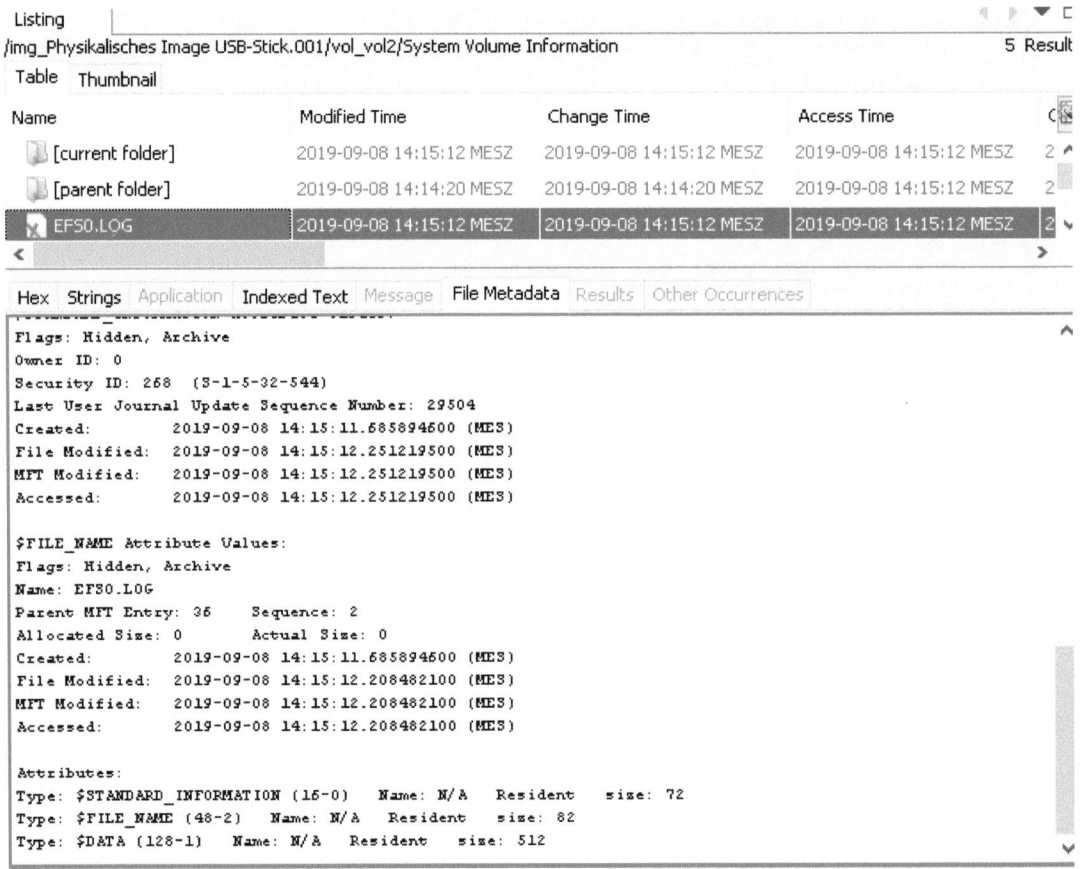

Abbildung 31: EFS0.LOG File in Autopsy

Die durch Autopsy gefundenen Zeitstempel stimmten gemäß Aktivitätenprotokoll mit dem Zeitraum überein, in dem die Verschlüsselung der Dateien auf dem Stick wiederhergestellt wurde. Die Datei wurde also nicht beim Kopieren der Dateien auf den Stick angelegt, sondern erst beim aktiven Anwenden des Verschlüsselungsvorgangs auf dem Datenträger.

3.4.2 Untersuchung mit X-Ways Forensics

Für diese Versuche wurde X-Ways Forensics in der Version 19.7 auf einer Remotema-
schine mit Windows 7 Enterprise Betrieben, die per Teamviewer verbunden werden
konnte. Im nächsten Schritt wurden sowohl das logische Image der Partition, als auch das
physikalische Image des USB-Sticks übertragen und in den neu angelegten Fall ‚EFS-
Versuche' importiert, um diese weiter untersuchen zu können.

Die erste Auswertung wurde für das logische Image der Partition vorgenommen und zunächst ist eine rekursive Erkundung gestartet worden, um einen Überblick über die vor-
handenen Dateien zu erhalten. Die Übersichtlichkeit war im Vergleich zu Autopsy erst
einmal etwas geringer, konnte jedoch durch gezieltes Filtern nach den gesuchten Dateien
deutlich erhöht werden.

Auf Dateisystemebene verschlüsselte Dateien werden in X-Way Forensics mit einem E
unter der mit ‚Attribute' gekennzeichneten Spalte geführt und können deshalb leicht mit
Hilfe einer sogenannten Berichtstabellen-Verknüpfung markiert und gesammelt werden
[8].

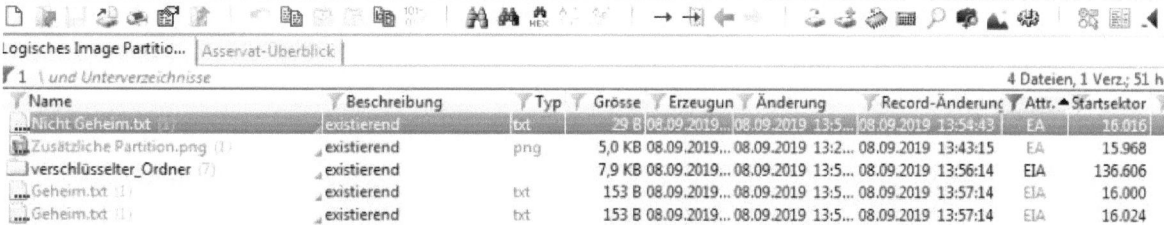

Abbildung 32: Gefilterte EFS-Dateien X-Ways Forensics

Eine ausführliche Darstellung zu den verschlüsselten Dateien (konkrete Metadaten bezüglich des Eintrags in der MFT und zugehörige Attribute), wie sie dem Nutzer in Autopsy geliefert wird, konnten an dieser Stelle jedoch nicht zur Anzeige gebracht werden.

Eine Neuheit stellte die Entdeckung mehrerer Dateien dar, die alle mit EFS betitelt wa-
ren. Unter Ausnutzung der Vorschau-Funktion von X-Ways Forensics stellte sich heraus,
dass in diesen Dateien das im theoretischen Teil erläuterte Data Decryption Field (DDF)
zu finden ist. Zur Erinnerung: Das DDF ist Teil des Attributes $LOGGED_UTI-
LITY_STREAM. In ihm ist die SID des Nutzers zu finden, der die Verschlüsselung vorgenommen hat und zudem der verschlüsselte File Encryption Key (FEK). Ohne konkrete
Zeitstempel ließ sich keine Zuordnung zu einem Verschlüsselungsvorgang vornehmen.

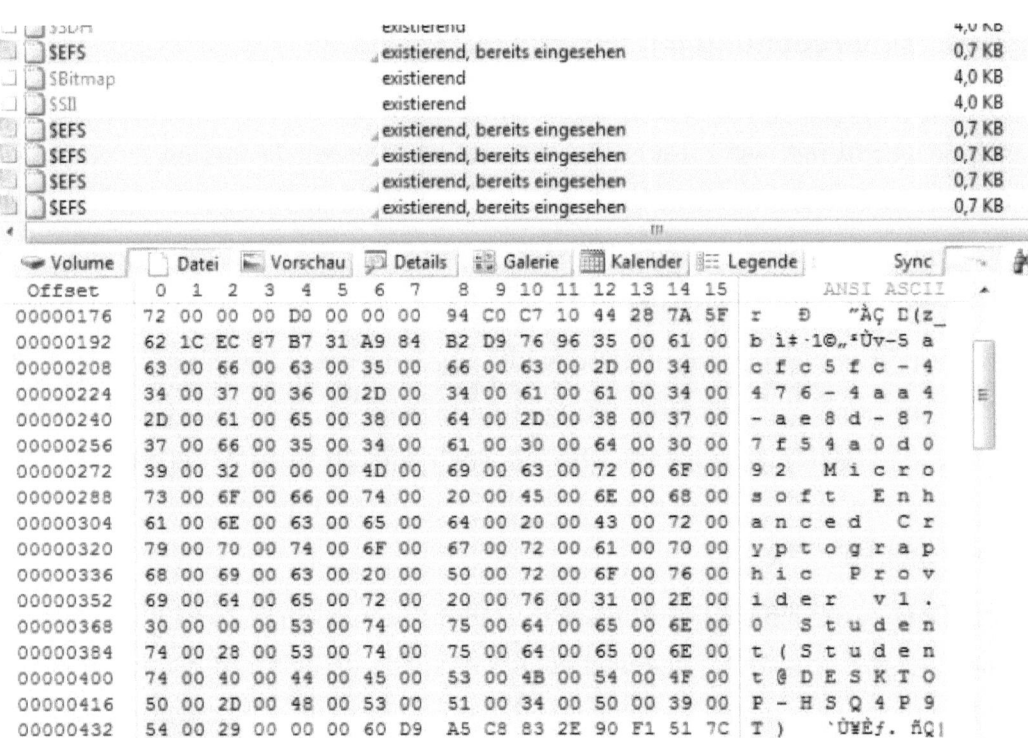

Abbildung 33: *$EFS*-Einträge, die das Data Decryption Field beinhalten

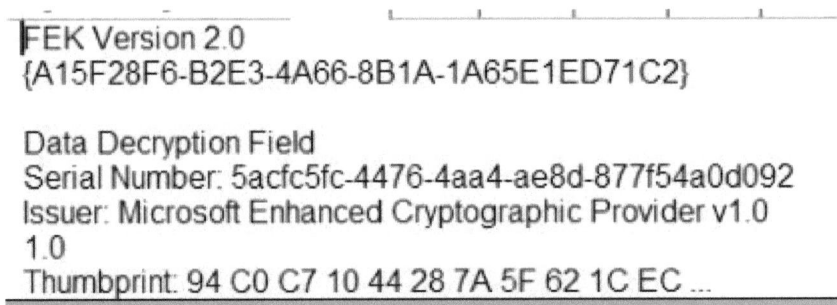

Abbildung 34: Gewonnene Informationen aus *$EFS*- Einträgen

Schlussendlich konnte noch eine recycelte Datei *Geheim.txt* aufgefunden werden, die durch Auswertung des gegebenen Zeitstempels eindeutig dem protokollierten Löschvorgang im Aktivitätenprotokoll zugeordnet werden konnte. Hierbei ist zu erwähnen, dass durch X-Ways Forensics für diese Datei nicht mehr das Attribut *E* vergeben wurde.

Die Auswertung des physikalischen Images des UBS-Sticks mit X-Ways Forensics hat keine neuen Erkenntnisse zu Tage gefördert. Jedoch wurde ebenfalls die versteckte Datei *EFS0.LOG* erkannt, deren Zeitstempel mit der Wiederherstellung der Verschlüsselung auf dem UBS-Stick übereinstimmt.

4 Fazit und Ausblick

Das Hauptziel der vorliegenden Arbeit ist es gewesen die Verschlüsselung des Dateisystems NTFS unter Verwendung von EFS zu erproben. Funktionalität und Sicherheit standen dabei im Vordergrund.

Es sind Erkenntnisse darüber gewonnen geworden, wie sich die Verschlüsselung durch EFS konkret in verschiedensten Szenarien verhält. Dabei ist zunächst theoretisch erarbeitet worden wie EFS auf Ebene des Dateisystems funktioniert, um dann im praktischen Teil beispielsweise die Erzeugung und den Export von Zertifikaten durchzuführen. Hierbei ist deutlich geworden, dass die Verschlüsselung auf bestimmte Betriebssystemversionen von Windows beschränkt ist und für einige Versionen nicht nutzbar ist. Die forensische Untersuchung des Abbildes der Partition hat die theoretischen Grundlagen bestätigt und das erstellte Abbild des USB-Speichermediums hat darüber hinaus aufgezeigt, dass während des Verschlüsselungsvorganges auch temporäre Dateien angelegt werden.

Die beispielhafte Übertragung einer verschlüsselten Text-Datei per FTP hat zudem zu Tage gefördert, dass die Verschlüsselung unter Umständen ohne Nutzeraktion aufgehoben wird. Diese Entdeckung bedarf einer weiteren genaueren Analyse.

Aufbauend auf den vorliegenden Ergebnissen ergeben sich eine Vielzahl von weiteren denkbaren Untersuchungen, die den Zeitrahmen der Arbeit gesprengt hätten. Vorstellbar sind beispielsweise Experimente, die verdeutlichen wie sich eine Löschung von Zertifikaten auswirkt oder wie sich EFS-Dateien bei der Übertragung zwischen völlig identischen virtuellen Maschinen verhält. Hier ist die Frage zu stellen, ob bei völlig gleich aufgesetzten Maschinen auch die gleichen Zertifikate erstellt werden würden. Gegebenenfalls wäre so ein Auslesen von verschlüsselten Dateien ohne einen separaten Zertifikatsimport möglich.

Inwiefern außerdem die gefundenen *$EFS*-Einträge nutzbar sind, um eventuell den FEK wiederherzustellen lässt sich an dieser Stelle nicht ausreichend klären und bedarf ebenfalls einer genaueren Untersuchung.

Weiterhin wäre es interessant zu testen wie sich die verschlüsselten Dateien in Hinblick darauf verhalten, dass ein unautorisierter Nutzer versucht diese zu öffnen. Im Zuge dessen könnte untersucht werden wie die Einrichtung eines speziell berechtigten Users funktioniert, der bei Bedarf die verschlüsselten Elemente wiederherstellen kann und einen zusätzlichen Zugriff erhält, um dies zu bewerkstelligen.

Anhang A: Aktivitätenprotokoll

Versuchsteil	Aktivität	Datum (08.09.2019) Systemzeit
Ordnererstellung	Ersten Ordner unverschlüsselt erstellen	13:35
	Ersten Ordner verschlüsseln	13:36
	Zertifikat exportieren (Variante zwei, Variante drei) für Ordner	13:38, 13:40
Dateioperationen	Textdatei ‚Geheim' erstellen	13:41
	Inhalt Textdatei ‚Geheim' bearbeiten	13:42
	Bilddatei verschieben	13:43
	Text- und Bilddatei in verschlüsselten Ordner kopieren	13:44
	Inhalt Textdatei ‚Geheim' bearbeiten	13:45
	Textdatei ‚Geheim' löschen	13:46
	Textdatei ‚Geheim' wiederherstellen	13:47
	Verschlüsselung Textdatei ‚Geheim' auflösen	13:48
	Verschlüsselung Textdatei ‚Geheim' wiederherstellen	13:49
	Zertifikat exportieren (Variante eins) für Datei	13:50
	Zweiter Ordner unverschlüsselt erstellen	13:50
	Kopieren Textdatei ‚Geheim' in zweiten Ordner	13:52
	Textdatei ‚Nicht geheim' in zweitem Ordner erstellen	13:53
	Inhalt Textdatei ‚Nicht geheim' in zweitem Ordner bearbeitet	13:54
	Textdatei ‚Nicht geheim' in ersten Ordner kopieren	13:56

	Zweite Textdatei ,Geheim' in zweitem Ordner bearbeiten	13:57
	Zweite Textdatei ,Geheim' in ersten Ordner kopieren	13:58
	Bilddatei ,großes Bild' in ersten Ordner hinzugefügt	(10.09.19) 21:38
USB-Operationen	Ersten Ordner auf Stick kopieren	14:14
	Verschlüsselung auf USB-Stick lösen	14:14
	Verschlüsselung auf USB-Stick wiederherstellen	14:15
Imageerstellung (FTK Imager)	Erstellung logisches Image Partition	14:24-14:24
	Erstellung logisches Image USB-Stick	14:26-15:31
	Erstellung physikalisches Image USB-Stick	15:33-16:33
	Erstellung logisches Image Partition mit größerer Bilddatei	(10.09.19) 21:40-21:40

Anhang B: Netzwerkpläne

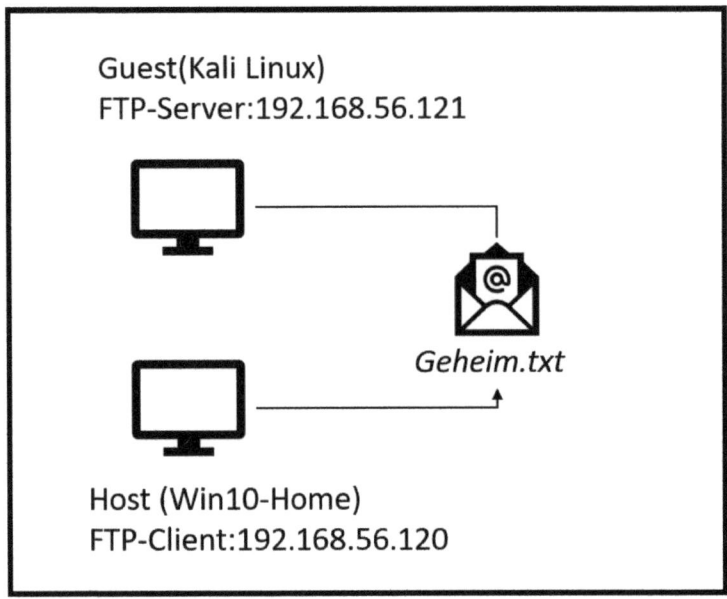

Interne Verbindung:
Host-Only Adapter und eigener DHCP

Abbildung 35: Netzwerkplan 1, fehlgeschlagene FTP-Übertragung

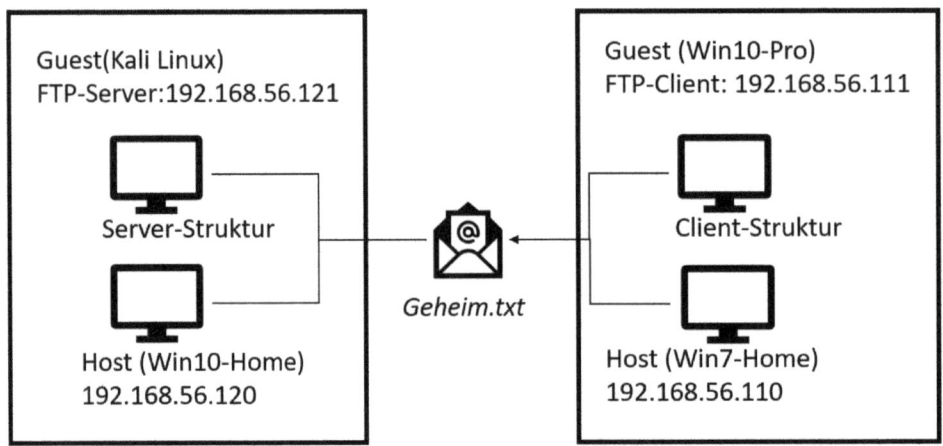

Interne Verbindung: Netzwerkbrücke
Externe Verbindung: Ethernetverbindung

Abbildung 36: Netzwerkplan 3, erfolgreiche FTP-Übertragung

Quellenverzeichnis

[1] Carrier, Brian (2005): File System Forensic Analysis; Addison Wesley Professional

[2] Schuster, Andreas (2016): Schatz, wo liegt der Schlüssel? (https://verschlüsselt.it/ verschluesselung-mit-schluessel/ (Datum des Zugriffs: 06.09.2019))

[3] Bundesamt für Sicherheit in der Informationstechnik: Verschlüsselung im Betriebssystem Microsoft Windows: EFS (https://www.bsi-fuer-buerger.de/BSIFB/DE/Empfehlungen/Verschluesselung/ Datenverschluesselung/ Betriebssysteme/betriebssysteme.html (Datum des Zugriffs: 25.08.2019))

[4] heise online: Fallstricke des Encrypted File System von Windows vermeiden (https://www.heise.de/security/artikel/Fallstricke-des-Encrypted-File-System-von-Windows-vermeiden-270184.html?seite=all (Datum des Zugriffs: 25.08.2019))

[5] TechMixx (2015): Windows 10: Festplatte partitionieren-Schritt für Schritt (http://techmixx.de/windows-10-festplatte-partitionieren-schritt-fuer-schritt/ (Datum des Zugriffs: 28.08.2019))

[6] Walter, Jörn (2018): Windows EFS Verschlüsselung Anleitung Encrypting File System (https://www.der-windows-papst.de/2018/01/06/windows-efs-verschluesselung-anleitung-encrypting-file-system/ (Datum des Zugriffs: 25.08.2019))

[7] Autopsy User Documentation 4.7.0 (http://sleuthkit.org/autopsy/docs/user-docs/4.7.0/ (Datum des Zugriffs: 10.09.2019))

[8] Shavers, Brett und Zimmermann, Eric (2014): X-Ways Forensics Practitioner's Guide; Elsevier